WEB版

# 小さな人生論ノート

fujio hideaki

藤尾秀昭

致知出版社

# WEB版小さな人生論ノート＊目次

# WEB版小さな人生論ノート

# 1 「一日一言」

「我われの生きた悟り、心に閃めく本当の知恵、あるいは力強い実践力、行動力というようなものは、決してだらだらと概念や理論で説明された長ったらしい文章などによって得られるものではない。

体験と精神のこめられておる極めて要約された片言隻句《せきく》によって悟るのであり、またそれを把握することによって行動するのでありります」

昭和の大碩学《せきがく》といわれた安岡正篤《まさひろ》先生の言葉です。

まさにその通りだと思います。

それを裏づけるように、
2006年の6月に出版した『安岡正篤一日一言』は
八重洲ブックセンターで6週連続1位の
ベストセラー記録を更新しましたが、

それに続いて出版した『吉田松陰一日一言』
も7週連続ベスト5以内にランク入り。

『坂村真民一日一言』も各地でベストセラー入りを果たしています。

多忙な現代人に寸言という形がフィットしたということも好調の
一因でしょうが、

何よりも偉人の
「体験と精神のこめられた片言隻句」
が多くの人々の心をとらえたということでしょう。

ちなみに『安岡正篤一日一言』の10月18日に
こんな言葉がでています。

**10月18日「しびれる」**
何にしびれるかによって、その人は決まる。
中江藤樹は『論語』と王陽明にしびれていた。
人間は本物にしびれなければならない。

いい言葉ですね。ウームと唸ります。

その通りです。
人は何にしびれるかです。
**しびれるものの中身がその人の人格と人生を決定します。**
本物にしびれる人格体をめざしたいものです。

# 2
# 「母」

**「一流の男の背景には必ず母親からの影響がある」**


と巣鴨学園長、堀内政三さんがいっています。

何十年にもわたり、子供を見てきた人ならではの慧眼《けいがん》というべきでしょう。

さて、その「母」に関して「安岡正篤一日一言」の中に、すばらしい言葉がありますので紹介します。

**5月13日「母」**

明治初期に、儒者としてもクリスチャンとしても、又教育家文学者として典型的な君子人、中村敬宇《けいう》に「母」と題する名文がある。

「一母有り。四才児を携《たずさ》えて一牧師に問うて曰く、子を教うるは何才を以て始めと為《な》すかと。
牧師對《こた》えて曰く、
汝《なんじ》の笑顔の光、小児を照せしより、
子を教うるの機會《きかい》始まると、
嗚呼《ああ》、世、固《もと》より此《こ》の母の機會を失う如《ごと》き者多し。
今世の人、口を開けば聊《すなわ》ち文明と曰い、而《しこう》してその本原に昧《くら》し、余嘗《かつ》て謂《い》う、国政は家訓にもとづき、家訓の善悪は則《すなわ》ち、その母にかかわる。

母の心情、意見、教法、礼儀は其《そ》の子他日の心情、意見、教法、礼儀なり。斯《ここ》に知る、一国の文明は、その母の文明に本づくことを」

1人の4歳の子を持つ母親が尊敬する牧師に聞くんですね。

「子供を教育するのは何歳から始めたらいいでしょうか」

牧師が答えます。

「あなたの笑顔の光（光というのがいいですね）で、初めて子供をみつめる、その時から子供の教育はすでに始まっているのですよ」

ここで中村敬宇はいうのです。

本当にそうだ、世の中にはそのことを知らないで、機会を失してしまう母親が多いのは嘆かわしいことだと。

いまの世の人は口をひらけば文明の世の中だといって浮かれているが、人間の本質をきちっとみていない。

自分はかつていったことがある。

「国の政は家訓にもとづき、家訓の善悪はその母親次第だ。

母の心情、意見、教法、礼儀がその子が成人した時の心情・意見・教法・礼儀になる。

よって一国の文明はその母の文明にもとづくことがわかる」

若い人にもこの敬宇の言葉を味読、反芻《はんすう》して欲しいと思うのです。

母の力をこの国に呼び起こしたいものです。

日本の母よ、健在たれと祈ります。

# 3 「成功のコツ」

イエローハットの創業者、鍵山秀三郎さんが

あるところで若い人たちに、

**「成功のコツは2つある」**

と話されたそうです。

「何だと思われますか?」

との質問に、皆さんからいろいろな答えが返ってきましたが、
鍵山さんは、「コツは2つといったでしょう」といって

「コツコツ」

と板書された、とか。
どっと笑いが起こったといいます。
鍵山さんらしいユーモアです。

しかしこれは笑い話ではありません。人生の真実です。
松下幸之助さんも同じようなことをいっています。
「成功するとは成功するまで続けることだ」と。

仏教詩人の坂村真民さんは、
詩一筋に97年の生涯を生き貫かれましたが、生前、
「一つのことをコツコツと誠心誠意続けていると、
不思議なことが起こってくる」
とよくおっしゃっていました。

実は『致知』も3、4年前、創刊25周年の頃から、自分でも思いもしなかったような不思議なことが起こってきました。

だから、

**本当にコツコツ、倦《う》まずたゆまず希望をもってやり続けていくと、**
**天地が味方をして、何か不思議なことが起きてくる、**
というのが私の実感です。

最後に、私の好きな言葉を紹介します。

「道は　心を定めて　希望をもって　歩む時　開かれる」

（松下幸之助氏の言）

# 4 『佐藤一斎一日一言』

この程、一日一言シリーズの第4弾として、
『佐藤一斎一日一言――「言志四録」を読む』を出版しました。
発売3週間、反響はよく、八重洲ブックセンターで
3週連続2位になったり3位になったりと健闘してくれています。
まだお読みでない方は、お近くの書店でぜひ！

周知の通り、
佐藤一斎は江戸幕府の昌平坂学問所の儒官を務めた人です。
いまでいえば、東大の総長といったところでしょうか。

門弟は3千人とも6千人ともいわれています。

『言志四録』はその一斎先生が42歳から82歳までにかかれた随想録です。

言志録　　246条（42歳―53歳）
言志後録255条（57歳―66歳）
言志晩録292条（67歳―78歳）
言志耋《てつ》録340条（80歳―82歳）

これを総称して『言志四録』といいます。

二度とない人生をいかに生きるか――。

これが四録の全篇を貫くテーマといえます。

幕末より今日までこの本に影響を受けた人は測り知れないでしょう。

西郷隆盛は、沖永良部島《おきのえらぶ》に流された時に、この本の中から特に心に響いた101条を筆録し『手抄言志録』を編み、その序文に

「天下は人心益々軽佻《けいちょう》に走り、
道念の光明漸《よう》やく微薄となり、
人心の闇は益々暗黒とならむ。
この暗黒の中を行く一張の提灯を授く」

と記し、
これを彼の私学校の青年たちに講話したといいます。

（越川春樹著　『人間学言志録』より）

逆境の極地にあった西郷を蘇らせた一書といえます。

『言志四録』は心を射る名言にあふれていますが、
きょうはその中から2つの言葉を紹介します。

「己《おの》れを喪《うしな》えば斯《ここ》に人を喪う。
人を喪えば斯に物を喪う」

己を喪うということは、自己喪失ということです。
別の言葉でいえば、自暴自棄。
自暴自棄になっている時、人は己を喪いますね。
生きる目的もなく、ボーッと生きている人も、
自己を喪失しています。
自己の果たすべき役割をきちんと果たしていない人も、
自己を喪っている人です。

そういう人は、人から信頼されなくなるから、協力してくれる人もなくなり、従ってあらゆるものを喪ってしまう、ということです。

それ故、別の稿で一斎はこういい切っています。

「士は当《まさ》に己《おの》れに在る者を恃《たの》むべし。
動天驚地極大《どうてんきょうちきょくだい》の事業も、亦都《またす》べて
一己《いっこ》より締造《ていぞう》す」

士とは自分を少しでも向上させようという心がけを持っている人といってもいいでしょう。

そういう人は自分の中にある真の自己をたのみとすべきだ。**天を動かし地を驚かすような事業も、すべて1人の人間から造りだされる**のです。

人はそういう気概を持つことが大切です。

歴史をみても、偉大な事業はすべて「一己」に起こっていることがわかります。

佐藤一斉は、己をつくらないとだめだということを何度もいっています。

**人を頼りにするのではなく己をつくる。**
**そして自分を頼りにする。**

自分をつくる人は、自分の中に全部あるんだといっています。

「一己」をつくりたいものです。

# 5「旅人の話」

ある町がありました。１人の旅人がその町にやってきました。

町の入り口の門のところに１人の老人が座っていました。


旅人は聞きます。

「おじいさん、この町はどんな町?」


おじいさんは聞きます。

「あなたがいままでいた町はどんな町でしたか?」

旅人は答えました。

「いやあ、前にいた町は嫌な人ばかりでろくな町じゃなかったよ」

「そうですか、この町もあなたが前にいた町と同じ町です」


また別の日に旅人が来る。

「おじいさん、この町はいったいどんな町ですか？」


おじいさんは聞く。

「あなたがこの前にいた町はどんな町でしたか？」

「私がいままでいた町は、すばらしい町で、人々は親切で、あんなによい町はありませんでした」

「そうですか、この町もあなたが前にいた町と同じ町です」

と答える。

これは逸話です。
いい方はいろいろあるようですが、昔からある有名な話です。
二人の旅人が来た町は同じなんです。
結局この逸話のいいたいことは何か。

**環境というものは「その人の心が決める」**
ということです。

我々が何のために学ぶのかというのは、
環境をよりよくつくるために学んでいるわけですね。
結局環境をつくるのはその人なんですね。
その人の心が環境を決める。

環境に左右されるのではなく、
環境をつくれる人間になりたいものです。

最後に、安岡正篤先生の言葉を紹介します。
「環境が人を作るということに捉《とら》われてしまえば、
人間は単なる物、単なる機械になってしまう。
人は環境を作るからして、
そこに人間の人間たる所以《ゆえん》がある、自由がある。
即《すなわ》ち主体性、創造性がある。
だから人物が偉大であればあるほど、立派な環境を作る。
人間が出来ないと環境に支配される」
（「安岡正篤一日一言」4月13日）

## 6
# 『小さな人生論』について

暑い日が続いていますね。

先日、新潟経由で山形へ行きましたが、山形もまた熱暑の極みでした。東北は涼しいのかなと思っていましたが、東北も夏まっ盛りでした。

禅門では「熱暑熱殺」といいます。

熱さの中に入り切れば熱さもなくなるという意味のようですが、そういう言葉があることを知っておくことも大事だと思います。

さて、このメールマガジンも6回目ですが、

今回は作家の一条真也氏から、拙著『小さな人生論』に関して、こういう一文をいただきましたので、ご紹介させていただきます。

「アマゾンといえば知らない人はいない最大のブック・サイトだが、そこに「アイテム別売れ筋ランキング」というのがあって、その中に「人生論に関する売れ筋ランキング」というものがある。

これを見てみると、古今東西の人生論が並ぶ中で、『小さな人生論』が堂々の1位を飾っている。

ちなみに2位にも本書の続編である『小さな人生論2』がランクインしている。

その他の本に目をやると、日本では武者小路実篤、三木清、日野

原重明、海外ではショーペンハウアー、デール・カーネギー、トルストイといった、信じられないようなビッグネームによる人生論がずらりと並んでいる。

これらを押さえて1位、2位を独占するとは、かなりすごいことである。

というよりも、これは1つの大きな思想的事件でさえある。

これまでに日本語で紹介された世界中のすべての人生論の中で、日本の読者は圧倒的に『小さな人生論』を選んだのだ。

瞬間的な順位ではない。

もう、わたしが気づいてからずっと、1位の座はこの本の指定席である」

アマゾンを元にこういうサイトが公表されていたとは知りませんでした。

何とも面映いですが、そういう情報を知らせてくれた一条氏に感謝です。

# 7 『獄中の人間学』が教えるもの

田里亦無《たざとやくむ》という方がおられました。
在家でありながら、道元禅の追求に一生を捧げられた方です。

その田里氏が、
**禅の極意をひと言でいえば、**
**「、《ちょん》」と「〇《まる》」に尽きる**
といっています。

「、《ちょん》」とは、

「いま」「ここ」に「全力投球する」ということです。

そうすれば

「○《まる》」――無限の力が湧いてくるということです。

半世紀にわたり、禅の修行に打ち込んできた人がつかんだ

悟りの言葉だと思います。

『獄中の人間学』という本があります。

(この本については『致知』2007年9月号の総リードにも書いていますので、併せてご覧ください)

昭和53年に小社から刊行した本です。

18年間、中国の撫順《ぶじゅん》監獄で共に過ごした古海忠之氏と城野宏氏の

対談集です。

「僕の知り合いに18年間監獄で共に過ごした同窓生がいる。僕の兄貴分のような人だ」

との城野氏の言葉にピンと来るものがあり、

「それでは対談を」とお願いし、

それから、毎月1回、城野氏と2人で古海氏が当時社長を務めていた東京卸売りセンターに数か月通い、この本が生まれました。

いまから27年前のなつかしい思い出です。

城野宏という人の歩んできた道、その発想、行動力、胆力の凡庸ならざること、にも驚いていましたが、古海氏と初めてお会いした時の衝撃はいまも忘れません。

地獄からぬっと抜け出してきたような、
なんともいえない味のある風貌、
その人間的スケール、
度量の大きさに、
世の中にこんな人がいたのかと唸ったものです。
(その人間的魅力は対談では半分も伝え切れていません)

そのお2人が18年の監獄生活を通じて得た人間学を語り合っているわけですが、特に印象深いのは、監獄の中で神経衰弱になり死んでいく人が少なくなかった、そして神経衰弱になる人には共通した特性があったということです。

1つは、監獄の管理人に気に入られようとしてゴマをする人間
2つは、家族に会いたい思いが募り、家族の写真ばかり眺めて嘆息をついている人間

お2人はそういう「どうにもならないこと」には目を向けず、いまいるこの環境の中で何をしたら一番ためになるか、実になるか——そのことにのみ心を向け、実行したといいます。

つまり、監獄という環境をそのまま受け入れ、その監獄の中で最善の努力をしたのです。
お2人は期せずして、禅の極意を実践されたのだといえましょう。

## **「現実というものは否定してはいけない**

**肯定してもいけない。**
**容認しなくてはいけない」**

松下幸之助氏の言葉です。
現実をありのままに受け止め、そこから出発せよと経営の神様はいっています。
こういう言葉をしみじみと嚙みしめたいと思います。

8

# 天真を発揮して生きよ

## ――森信三先生のメッセージ

「人間は一人ではゆるむ」――。

森信三先生がご生前、よく口にされていた言葉です。

森信三先生ほどの方でも、

ゆるむことがおありだったのでしょうか。

先生が「実践人の家」を組織され、共に道を学び啓発しあう会をつくられたのも、そういう人間の弱さを知っていたからでしょう。

この8月18日、その実践人の夏季研修に招待されたので、尼崎に行ってきました。

30分ほど話をしなさいということでしたので、出版したばかりの『修身教授録一日一言』の編纂《へんさん》を通じて感じたことを話しました。

その概要をここにお伝えしたいと思います。

『修身教授録一日一言』の編纂を通じて改めて思ったこと。

それは森信三先生は、『修身教授録』という本の全篇を通じて、私たちに1つのメッセージを発しているということです。

そのメッセージとは何か――。

**「天真を発揮して生きよ」**

というメッセージです。

これが森信三先生の我々への最大のメッセージだと思います。

そして、そのための指標を3つの言葉として、先生は私たちに示してくれている。少なくとも私にはそう思えるのです。

**森信三先生の3つの言葉**

1．国家の全運命を、自分独自の持ち場のハンドルを通して、動かさずんば已まぬという一大決心の確立した時、その人の寿命は、天がその人に与えた使命を果たすだけは、与えるものです。

2．休息は睡眠時間以外不要という人間になること。
すべてはそこから始まるのです。

3．真の「誠」は、何よりもまず
己の務めに打ち込むところから始まる
といってよいでしょう。
すなわち誠に至る出発点は、何よりもまず
自分の仕事に打ち込むということでしょう。
総じて自己の務めに対して、自己の一切を傾け尽くして
これに当たる。
　すなわち、もうこれ以上は尽くしようがない
というところを、なおもそこに不足を覚えて、

さらに一段と自己を投げ出していく。
これが真の誠への歩みというものでしょう。

先生の金言を真にかみしめ、実践していくところに、天真は発揮されてくるのではないかと私は思います。

そういう話をさせていただきました。

ご参加の皆さんの心にどれだけ届いたかはわかりませんが、読者の皆さんの1人でも心に受け止めてくだされば嬉しい限りです。

# 9 致知創刊29周年——コレは良い広告だ！

『致知』は深山《みやま》の桜——
といったのはＴＤＫの社長だった素野福次郎氏（故人）です。
創刊間もない頃、この言葉にどれだけ励まされたか知れません。

「深山の桜でもいい花を咲かせていたら、
人はそこに足を運んでくる。
そしたらそこに道ができる。
その時に深山の桜というのは大変な値打ちがでてくる」

この言葉が若い編集者魂に火をつけました。『致知』の原点です。

以来、『致知』は人から人へ、その価値を口伝えに伝えてくださる人たちに支えられ、今日に至りました。

素野さんの言葉通り、宣伝らしい宣伝はほとんどしたことがありませんが、創刊29周年を迎えたいま、この時代に、もっと多くの人にこの雑誌の存在を知ってもらうことは意義あることだと思い、全国紙二紙に全面広告を打ちました（次頁参照）。

読売新聞（9月18日・19日）

日経新聞（9月20日）

『致知』は人間学を追究する月刊誌として、二十九年前に呱々《こご》の声をあげました。
こんな堅い雑誌を読む人はいないといわれながら二十九年。いま多くの人が心待ちにしてくださる雑誌に育ちました。
志
ある者は事ついに成る
人間学を学ぶ月刊誌　chichi
致知
October
10
2007
創刊29周年
◉特集
人生の大則
◉対談
谷沢永一
渡部昇一
◉対談
宮脇昭
桑村綾
◉対談
松井 秀文 & 北尾 吉孝
『修身教授録』に学ぶもの
「致知」1年の歩み
お申込みは 電話・FAX・HP・ハガキで!
03(3409)5632
http://www.chichi.co.jp
03(3409)5294
〒107-0062 東京都港区南青山6-1-23
致知出版社
10,000円
27,000円
833円
750円
致知出版社

手ごたえある反応があり、嬉しいことでしたが、中でも、ある人から転送されてきたブログに心が弾みました。

「コレは良い広告だ！」

とエールを送ってくれているのです。
その名は「発想力を10倍高めるｂｌｏｇ」。
その一文を引き込まれるように読みましたので、皆さんにもご紹介したいと思います。

※

**「発想力を10倍高めるｂｌｏｇ」より**

コレは良い広告だ！
致知という月刊誌の全面広告が日経で出ていた。
この広告、私的にはツボにはまって、早速定期購読を申し込んでしまった。
なぜ良かったのか。10のポイントを挙げてみました。
（もしご覧になった方がいらっしゃったら考えてみてください）

1．人間学を追求する雑誌、という全く異質なジャンルで他の雑誌との差別化を図っている。

2．29年前に創刊。29年間続いているという、この中途半端な数字が興味をそそる。

これが30周年や10周年だったらインパクトが弱い。29年続いているというのが信頼感を高めているのは言うまでもない。

3.「こんな堅い雑誌を読む人はいないといわれながら、二十九年。いま多くの人が心待ちにしてくださる雑誌に育ちました」
というコピー。
どんなに固いのか？　と興味をそそるだけでなく、雑誌としての成長をうかがわせる。

3．読者の声が紙面いっぱいに記されている。

その読者も、経済界の著名人や学者だけでなく、老若男女、普通の読者の声ものせている。

4．下段に『致知』一年の歩みということで、1年分のバックナンバーが写真入りで掲載されている。

これで読者の関心へのヒット率が高まる。

ちなみに私は、昨年12月号の、野中郁次郎&上田惇生の対談は読みたいと思ってしまった。

5．申し込み方法として、1．フリーダイヤル、2．ファックス、3．HP、4．はがきの4つの方法があり、全ての年代層のどんな申し込み手法にも対応できている。

あと、当たり前なことだがとても重要なこととして、会社の住所・連絡先・メールアドレスの掲載がある。

6．書店ではお求めになれません、ということの稀少性をアピール。

7．年間購読（1年、3年）にすれば、定価より安くなるという、お得感を演出。

8．無料メルマガの案内。「大好評、おかげさまで1万人突破」とのこと。

（ここのスペースは、もう少し大きくてもよかったと思えるが。軽いイメージを付加したくなかったためと思われる）

9．上部に志という文字。そして、志あるものは事ついに成ると。
「この雑誌は志があるあなたが読む本ですよ」⇒「この雑誌はあなたの志を高めますよ」というメッセージだけでなく、最近話題になった安倍元首相へのあてつけとも思えなくもない。

無意識に世相に訴えかける強さがある。

10．中央部に、実際の雑誌の写真。
「こんなのが手元に届くんだ」という具体的な商品イメージを提供。
表紙は人の顔と硬派なキャッチコピー（人生の大則）で

注意を引くほかは、シンプルで無駄がない。
真面目で中身がしっかりしているというイメージを伝える。

以上、10点を挙げてみましたが、
効果のある広告としてのセオリーを踏んでいます。

ということで、

・あなたの会社の広告、もし効果がない！ということであれば、この10点のどれを見逃していますか？
・例えば、この10点を考慮して自分なりに広告を作ってみると、どんな広告になるでしょうか？

（※3は重複していますが、原文のままです。なお、現在このサイトは更新されておりません）

※

いかがでしたか？
たった1枚の広告にこれだけのメッセージを込められる発信者の力量に敬意を評しつつ、お礼をいいたいと思います。

感謝合掌

## 10
# 本実の学とは——中江藤樹先生の言葉

少し古い話になりますが、2007年の3月に小社は、「藤樹賞」という、中江藤樹先生のお名前を冠した賞をいただきました。

受賞式は、3月25日(日)。京都から湖西線で1時間、安曇川にある中江藤樹記念館に社員二人と共に出席しました。

受賞理由は次の通り——

「藤樹賞は、わが郷土の偉人、中江藤樹先生の徳行にちなみ、さまざまな分野で長年にわたり『ひとづくり』に顕著な功績のある個人もしくは団体に贈られるものです。

今回の受賞者は、月刊誌『致知』創刊以来、約30年にわたり、全国各地に埋もれた知行合一《ちこうごういつ》の真摯《しんし》な実践者を見いだし、幅広い人材の育成にふかく寄与されていられる株式会社致知出版社（東京都港区）に決定しました」

中江藤樹先生は近江聖人といわれた人です。

その高徳の地域に及ぼした影響は大きく、生誕400年たったいまも、安曇川の駅に降り立つと、何となく空気が違うように感じるのは、私一人ではないと思います。

藤樹先生は孔子や王陽明に深く傾倒し、人格を練りつめられた方ですが、「学」についてこんなことをいわれています。

「それ学は心のけがれをきよめ、身のおこないをよくするを本実とす」

**心のけがれを清め、立派な人間になること。そのために私たちは学ぶのだ**

ということです。

続けていいます。

「にせの学問は博学のほまれを専らとし、まされる人をねたみ、おのれが名を高くせんとのみ。高慢の心をまなことし、孝行にも忠節にも心がけず、ただ、ひたすらに記誦詞章《きしょうししょう》の芸ばかりをつとむる故に、おおくするほど心だて行儀あしくなれり」

**単に物知りになるだけの学問はにせの学問であり、そういう学問はすればするほど人間が悪くなる**

というのです。

藤樹先生の時代にも、古典の字句を解釈したり暗誦《あんしょう》したりすることで、自らを高しとする人がいたということでしょう。

現代にもそういう人はたくさんいます。

私たち『致知』に人間学を学ぶ者は、「にせの学問」ではなく、「本実の学問」をめざして、自らを研鑽《けんさん》したいものです。

# 11

## 一生懸命仕事をしても成果をあげられる人・あげられない人

トイレそうじで有名な鍵山秀三郎さんが以前セミナーでこんな話をされていました。

「世の中で、皆さまはそれぞれに努力をしていらっしゃるのですが、一生懸命仕事をされても、成果をあげられる人、あげられない人の両方があります。

成果をあげられる人をA、あげられない人をBとすると、Bの人は怠けて遊んでいるかというとそうではなく、むしろBの人のほうがAの人よりも一生懸命、長い時間休まないで、働いていることのほうが多いのですが、結果を見ると、成果につながらない人がわりあい多いのです」

どうしてこういうことになるのでしょうか。

「Bの人は、やることなすことに無駄が多く、やってもやってもエネルギーが無駄に流れてしまって成果につながらないわけです。

無駄が多いということは、例えば、自分の手元にある商品の価値がわからない、そのものの持っている命がわからないから、自分の手の中にある商品の魅力を見いだすことができなくて、たえず目がよそへ散ってしまうことが多いということです。

当然、Aの人は、無駄がない、あるいは、無駄が少ないということになるわけです」

それではどうしたら無駄が少なくなるのか。鍵山さんはいいます。

「当然、いつもこういうことに気をつけて、気づく人になることです。これは当たり前のこと、わかっていることですが、気づく人になかなかなれない。なろうと思ってなれるものではありません。どうしたら気づく人になれるかというと、私はいつも気づく人になる方法を2つお話ししています」

気づく人になる方法は何だと思いますか？

「1つは、微差、あるいは僅差の2つをいつも追求し続けることです」

といわれています。

1ミリでも2ミリでもこっちの方がいいと思ったら、そっちの方をずっと追求していくということです。

普通、僅かな差だとつい馬鹿にしてしまいます。

「例えば、いままでAという方向でものを売っていたが、これをBに変えるとします。

この差が大きければだれでも変えるのですが、ほんのわずかしか結果は変わらない、あるいは、成果がよくなるかどうかもわからないということになると、だいたいやらないで、いままでやってきた方法を続けてしまいます」

でも自分は、ちょっとでも1ミリでも2ミリでもいいと思ったらそっちの方へ、微差、僅差を追求していく。
ほんの僅かでもいいと思ったら、それに取り組んでいく。
そうして長い年月を積み重ねていくと、大きな力となってくるのです。

だから鍵山さんもコツコツコツコツと、なんでこんなことをと人から馬鹿にされるようなこと、手間のかかるようなことをやって来られたのです。

そうしたら、
ああしたらいいな、こうしたらいいなと
気づきが連関してくる。

気づきが連鎖する。

1つのことに気づく人は他のことにも気づくようになるのです。

ここが大事です。

だからちょっとでもこっちの方がいいと思ったら、それを追求していく。

そうしたら長い歳月の間に、ものすごく大きな差になってくる。

気づきが連鎖する。それが大きな差となるのです。

**微差、僅差を追求し続ける。**

**それが気づく人になる第1の方法**です。

では2つ目の方法は？

**「気づく人になるもう1つの条件は、『人を喜ばす』ことです。**

たえず人を喜ばせる気持ちで物事をやる、人生を送る、毎日を送るということです。

これを続けて1年たてば、本当に人が変わるぐらい気づく人間に変わってしまいます」

私も本当にそうだと思います。

身近な人に、あるいは上司に喜んでもらおうと思うこと。

喜ばすというのは、ゴマをすることではないですね。

どうしたら喜んでもらえるだろうか、とずっと人を喜ばすことを考えていったら、気づく人間になるんです。

そこでまた気づきが連鎖していく。

そうしたらその人の人生は変わっていくのです。

大事な人生の真理を鍵山さんは平明に語っています。

まさに現代の覚者です。

この話は『凡事徹底』という本の中にでてきますから、興味のある方はご覧ください。

http://www.chichi-book.com/book/selection/0528.html

12

# 孔子・釈迦・キリストの三者会談

講談社を創ったのは野間清治という人です。

その野間清治は「修養」ということを重んじた人で『修養全集』全10巻を出版しています。

野間清治は

**修養こそが人間の根本になるものだ**

ということを知っていたから、修養を重んじたのでしょう。

花や木が美しく咲き、茂るのは根っこがしっかりしているからです。根っこがしっかりしていなければ、植物は生育しません。

人間も同じです。

修養という根っこがなければ人は真にその個性を発揮した人生を生きることはできません。

さて、その『修養全集』の第1巻に、孔子と釈迦とキリストの3人が語り合っている挿絵が入っています。

中村不折という人が描いたカラーの挿絵で見事なものです。

三者は共に会して、何を語り合っているのでしょうか。

孔子が生まれたのは2559年前、
釈迦は定説がはっきりせず、2300〜2500年前、
キリストは周知の通り2008年前。

この三者は世界の三大聖人といわれ、その残した言葉は一様に弟子がまとめ2000年以上たったいまも、永遠のベストセラーとなって読み継がれています。
三者の共通点です。

しかし、この三聖人は1点だけ、違う点があります。
それは釈迦もキリストもその生前中にすでに仏であり神であったが、孔子だけはあくまでも一人の人間として、その生涯を全うしたということです。

中村不折が描いた「孔子・釈迦・キリストの三者会談」
(『修養全集第１巻』講談社)

有名な『論語』の一節に、その生涯が語られています。

「吾十有五にして学に志し、
三十にして立つ。
四十にして惑わず、
五十にして天命を知る。
六十にして耳順《したが》い、
七十にして、心の欲する所に従えども、矩《のり》を踰《こ》えず」

説明はしませんが、生涯、己を磨かんと歩んできた足跡がこの一文に鮮やかです。

別の所で
「下学《かがく》して上達す」
といっています。
日常の下世話な仕事を通じて学びながら、だんだんと自分を高めてきたということです。

伊藤仁斎という江戸時代の儒者は『論語』を
「宇宙第一の書」
といっていますが、『論語』が多くの人に読み継がれてきたのも、超越者としてではなく、1人の人間として数多くの試練に会いながらも、ひたすら自己を修めんと歩み続けた孔子の姿が共感を呼ぶのだろうと思います。
（三者会談の挿絵をみての感想です）

## 13
# 「四学」と「長たる者の人間学」

学問には4つの段階があるといいます。

「蔵学《ぞうがく》」
「修学《しゅうがく》」
「息学《そくがく》」
「遊学《ゆうがく》」

「蔵学」――というのは、ひたすら、取り入れ、蓄積する段階です。
「修学」――も同じような意味ですが、「修」には背中を流して美しくするという意味がありますから、蔵した学びを整理し直すという意味があるようです。

その2つの段階を過ぎると、学ぶことが呼吸をするのと同じように自然なものとなり（息学）、そして、さらには学びが自己と一体となる。「遊学」です。

「遊」というのは、自在の境地ということでしょう。

ちなみに、「遊」は楽よりも上の境地です。
「楽」はまだ相対の世界です。
「苦」があって「楽」がある。

しかし、「遊」は相対するものがない、絶対の世界です。

若い頃、この言葉を知り、願わくばそこの境地に達してみたいものだと思いましたが、この人の学問はまさに息学・遊学の段階に達しているのではないかと、刮目《かつもく》させられた人がいます。

伊與田覺《いよたさとる》先生です。

伊與田先生は当年92歳。

7歳の時から論語の素読《そどく》を始めたといいます。

お母さんが亡くなり、あまり悲しむので、叔父さんが『論語』の素読を教えたところ、それに夢中になったというのです。

天与の才というべきでしょう。

青年期には碩学安岡正篤先生に出会い、以後安岡先生が亡くなられるまで、約半世紀、安岡先生に深く師事してこられた方です。

その伊與田先生に昨年は『大学』を、今年は『孝経』をそれぞれ毎月1回、6か月にわたって講義をしてもらいましたが、3時間休憩もなく、粛々と話されるその講義に全国各地から集まってこられた中小企業の経営者の皆さんがまんじりともせず、熱心に耳を傾けている様はまさに圧巻でした。

**真の活学は人の相をかえ、運命を変える。**

90歳を超えた伊與田先生が背すじをビシッと伸ばし、いかにも楽しげに古典の教えを講義されている姿をみるたびに、私はその思いを深くします。

古典を知識としてではなく、自己修練の糧として、80余年、学び続けてこられたからこそ、先生の話は、これまで古典などにあまり関心のなかった人たちの心をも、深く魅了するものがあるのだと思います。

伊與田先生の学がいかに深く体に溶け込んでおられるか。それは先生の1年間に及ぶ『論語』講義をまとめた『「人に長たる者」の人間学』（致知出版社刊）に明らかです。

この本を読むと、古典のおもしろさがわかります。
古典が好きになります。
少々高価な本ですが、人生の伴侶となる本です。
皆さんにもぜひ一読をおすすめします。

その伊與田先生がいわれます。

**「自己自身を修めるには、あまり効果を期待せず、静々と人知れずやられるといい。それをずっと続けていくと、風格というものができてくる」**

92歳の先生の言葉だけに心に響きます。

静々と学び続け、息・遊学の域に達したいものです。

## 14

# 一道30年　心に響いてくる言葉

先日、このメールで紹介させていただいた伊與田覺先生の『「人に長たる者」の人間学』はアマゾンのランクが130万位くらいから660位にアップした、と我が社の社員が教えてくれました。

さすが、読者の皆さんは反応が素早いと感じ入りました。

この場を借りてお礼を申し上げます。

本当はこういう本が常に上位100位以内に入っているような国柄になってほしいところですが、一歩一歩前進です。

さて、今年も余すところ、2週間となりました。
年々、時の過ぎるのが早くなります。

以前、ある90代の経営者が、
人生のスピードは年齢と正比例する、
といわれていました。

10代の時は1年間を時速10キロで走る、
20代の時は時速20キロ、
90代の自分は時速90キロのスピードで高速を走っている。
1年が一瞬、飛ぶように過ぎ去る

と語って会場を笑わせていましたが、

ある程度の年齢になると、
その言葉が実感として迫ってきます。

『致知』も創刊30周年を迎えます。
創刊以来この雑誌に携わってきましたが、
まさに一瞬の30年でした。

哲学者の森信三先生が、

「60歳になって初めて自分の使命がわかった。
人は何のために生きるのか。それを追求してきた」
と語られていた言葉の意味を、いまは深く実感できます。

『致知』の一道をコツコツと歩み続けて30年。
いま、私の心に響いてくる言葉が2つあります。

1つは、画壇の高峰、中川一政氏の言葉です。

**「芸道は白刃の上を行くが如し。
懈怠《けたい》の心あらばすぐ身を害《そこな》う」**

この言葉に初めて出合った時、ウーンと唸りました。
これは芸道のみならず、すべての一道を歩む人に
等しく必要な覚悟であろうと思ったからです。

経営の道も、政治の道も、教育の道もまた然りです。
心して歩まねばと思います。

2つ目は『論語』の言葉です。

**「任重くして道遠し　死して後已《や》む」**

一つの道をきわめていこうとすることは、
もとより非力未熟の身には任にある。
しかもその道のりは遠い。
しかし、その道を歩まんと志した者は、
その道を死ぬまで歩み続けなければならない。

古来、幾多の先人を励ましてきたこの言葉に、私自身もいま鼓舞されています。

言葉は力ですね。

先人たちの遺した言葉を衣のように編み続ける――『致知』の道は果てしない道です。

その言葉の衣をまとい、人生の四季を健やかに歩みだす人の１人でも多からんことを願っています。

最後に、近世日本書家の泰斗《たいと》として、また卓識奇骨《たくしききこつ》のあった雅人《がじん》として、識者の間に知られた趙陶斎《ちょうとうさい》の言葉を紹介します。

「人の一生、なすべき道理を知らず、よめども、かけども、
うかうかと人身に遠ざかるは、ただ生きて、ただ死ぬる部なり。
是を沸家にて米食ひ蟲《むし》といふ。
この米食ひ蟲の部にいらぬようにと、
つねに心を用ゆる事なり。是を人の大用心といふ」

# 15
# 年初に思う

明けましておめでとうございます。

1年の計は元旦にあり、といいます。

皆さまそれぞれに、今年への思いを固めておられることと思います。

しかし、正月というのは不思議ですね。

きのうと同じ日の連続のはずが、なぜか、

きのうまでとはまったく違う、清新の朝を迎える。

年末を大晦日として締めくくり、
1月1日を元旦として、新しい年をスタートさせる。
こういうことを考え出した先人の知恵に頭が下がります。

さて、今日は元旦にちなんだ言葉を弊社の『一日一言』の中から
いくつか紹介したいと思います。

まずは『安岡正篤一日一言』より、

**【年頭自警】**

一・年頭まず自ら意気を新たにすべし
一・年頭古き悔恨《かいこん》を棄《す》つべし

一．年頭決然滞事《たいじ》を一掃すべし
一．年頭新たに一善事を発願《ほつがん》すべし
一．年頭新たに一佳書を読み始むべし

私はこの言葉を墨書して書斎に掲げています。
唱えるたび、身がひきしまる思いがします。

次に『坂村真民一日一言』（1月2日）の言葉

**【心構え】**
新しい年を迎えるには、新しい心構えがなくてはならぬ。
決してただ漫然と迎えてはならぬ。
そしてその心構えには年相応のものがなくてはならぬ。

50代には50代の心構え、
70代には70代の心構えが大切である。
還暦になったんだから、古稀になったんだからという妥協は、
自己を深淵に落ち込ませるだけである。

日々新年、日々新生——の覚悟で人生を生きたいものです。

次に、『修身教授録一日一言』

**【真の人間生活への出発】**

大よそわが身に降りかかる事柄は、

すべてこれを天の命として
慎んでお受けをするということが、
われわれにとっては最善の人生態度と思うわけです。
ですからこの根本の一点に心の腰のすわらない間は、
人間も真に確立したとは言えないと思うわけです。
したがってここにわれわれの修養の根本目標があると共に、
また真の人間生活は、
ここからして出発すると考えているのです。

最後に、『二宮尊徳一日一言』

**【報徳を忘るべからず（報徳訓）】**
父母の根元は天地の令命《れいめい》に在り

身体の根元は父母の生育に在り
子孫の相続は夫婦の丹精に在り
父母の富貴は祖先の勤功に在り
吾身の富貴は父母の積善に在り
子孫の富貴は自己の勤労に在り

身命の長養は衣食住の三に在り
衣食住の三は田畑と山林に在り
田畑と山林は人民の勤耕に在り
今年の衣食は昨年の産業に在り
来年の衣食は今年の艱難に在り
年年歳歳に報徳を忘る可からず

先人の言葉を味読心読し、新年に臨む糧にしたいものです。

16

# タビオ　越智会長からの手紙

昨秋『小さな人生論』の第3冊目を『小さな人生論3』として出版しました。

この本をお世話になっている方々にお送りしたところ、タビオの越智直正会長（当時社長）から12月28日に速達便をいただきました。一読して、深い感動を覚えましたので、その一部をご紹介します。

「先般、贈呈いただいた『小さな人生論3』本日拝読しました。

送っていただいてすぐ東京の投資家説明会があり、

新幹線の中で読もうと持参し、
まえがきと縁を生かすのところまで拝読して、
この本は新幹線の中で読むような本ではない、
腰を据えて読まなくてはと思い閉じました。

貧乏商売をしていますので、休日もなかなか落ち着かず、
ついに年末の3連休になってしまいました。

久しぶりに重い本を手にし、大変感動致しております。
この本はぜひ社員に年賀としてプレゼントしたいと思います。

年末押し詰まっての注文で誠に申し訳ないのですが、
大阪に100冊、東京営業所に50冊送って頂けないでしょ

うか。
できれば正月に読ませてやりたいと思っています。
それから、2・3を私に一冊ずつと、
息子3名に1・2・3・を一冊ずつ送ってください。

（中略）

いい本と出会えて、大変嬉しかったです。
我に帰ることができました。
有難うございます」

右のようなお手紙です。
越智会長は愛媛県のご出身、中学卒業と同時に大阪の靴下問屋に丁稚奉公《でっちぼうこう》に入り、その後独立。今日のタビオを築いた方です。

中学卒業の時、担任の先生から、

「社会に出たら、中国の古典を読め。読んでもわからないだろうが、読書百遍意自ら通ず、繰り返し読んだら分かるようになる」

といわれたのが心に残り、ほとんど休みのない生活の中で、ある日、古本屋に行き、店の主人に

「何か古典の本を」と聞いたら、すすめられたのが

『孫子』。

「まごこ」

とはまた変な名前の本だと思いつつ読み始めたが、ちんぷんかんぷん。

しかし、先生に言われた通り、何度も何度も読むうちにだんだんと意味が分かり、3年後の18歳になった頃には『孫子《そんし》』の全文を暗誦できるまでになっていた、といいます。

最初に読んだ古典が『論語』ではなく、『孫子』だったことが経営者としての自分にはよかったと語っています。

『孫子』を皮切りに、越智会長は古典の勉学をさらに進め、人生や仕事上の悩みを古典によって開いていったという人です。

「私は古典を読む場合に

学者のような読み方をしたことがありません。

苦境の中で、何かにすがりたい、助かりたい一心で、

その一言一句を心に刻んできたのです」

と越智会長はいいます。

そういう古典の言葉と真剣勝負をしてきた人が拙著を心に留め、新幹線の中で読むような本ではないと言ってくれたことを有難い勲章を得たごとく嬉しく思うのです。

**古来聞き難きは道**
**天下得難きは同志なり**

と中江藤樹はいっています。

その言葉を想起させてくれるような越智会長の手紙でした。

感謝合掌

# 17
# 歴史創新

『致知』は今年創刊30周年になります。
30年というのは一世代です。
実に長い道のりですが、この30年を機に新たなる30年に向けての出発の時にしなくてはなりません。

その意味で今年の年賀状に社員にあてたメッセージは
「歴史創新」でした。

30年の歩みの上にたち、さらに新たなる歴史を創新する、という意味を込めてのメッセージです。

会社の歴史を創新するには、まず自己維新しないといけない、と感じています。

私どもは毎朝、社員全員で『大学』を素読していますが、『大学』の中に

「周は舊邦《きゅうほう》なりと雖《いえど》も、
其の命維《めいこ》れ新たなり」

という言葉があります。

周は旧い国だが、その使命は常に新たなり、という意味です。

**自分自身を維《こ》れ新ためるというのが自己維新。**

そのためにも今年は全社員に二つのテーマを掲げました。

一つは、**「匠《たくみ》」になる**ということです。

匠というのは「最高の仕事をする人」です。

匠という言葉は日本らしい言葉ですね。匠とはどういう人か。

経営指導の第一人者、田辺昇一さんから教わったことがあります。

田辺昇一さんが私にいいました。

「伸びている会社にはね、必ず匠が何人もいる。

何人匠がいるかで決まる。
匠のいる会社は発展している」

そして、その匠という人は「3つの念」を持っているといいます。

1つは、**執念**です。
成功するまではやめないという執念。
なさずんばやまず、という強き思いです。
完成させるまでは何があってもやり抜くという心です。
いい加減に仕事をしている人は匠にはなれません。

2つ目は、**丹念**です。
丁寧。真心を込めるということです。

仕事に手抜きをしないことが丹念です。

3つ目は、**情念**です。

情のある人ってどういう人を思い浮かべますか？

思いやりがある人。愛情が深い人。

思いやりがないといい仕事はできません。

コミュニケーション能力ともいえます。

コミュニケーション能力というのは

人間だけのことではありません。

情報も機会《チャンス》も、この能力がないとキャッチできません。

それぞれの社員が匠になったらすごい会社になります。

全社員がそれぞれの部署で匠をめざしたいものです。
こんなすばらしい仕事をする人はいない、というくらいに。

自己維新するためにもうひとつ大事なことは
**「与える人になる」**ということです。
会社が何かしてくれないとか
そんなことばかりいっている人は子供と同じです。

ケネディという大統領がいいました。
「国家が自分に何をしてくれるかを問うな。
自分が国に何ができるかを問え」

これはものすごく大事なことだと思います。

会社が何かしてくれないという人ばかりいる組織は衰退していくんです。

自分が所属している組織のために何ができるかと考える集団が発展していく。

自分の周りの人に何が与えられるか。
その視点を持つことがすでに維新です。

ジェームズ・アレンという人の言葉に
「成功を手に出来ない人たちは
自分の欲望をまったく犠牲にしていない人達です。
もし成功を願うならば
それ相当の自己犠牲を払わなくてはいけません。

大きな成功を願うならば
この上なく大きな犠牲を払わなければいけないのです」
これは真理だと思います。

**自己犠牲を払うから事はなる。**
**自己犠牲も払わないのに事はならない。**

その人の出しきったものがその人に残るものになります。
手抜きする人は残らない。
**己から出たものは己に帰る。**
自己犠牲した人はいい意味で自分に帰ってきます。
楽しく自己犠牲して艱難《かんなん》にむかっていく。
与える人になりたいものです。

# 18 人生の四季を生きる

3月に入りました。
朝晩は身をきられるような寒さがまだ続いておりますが、
もう梅も満開、
あっという間に桜も花開くことでしょう。
季節の四季は何度も巡ってきます。
しかし、人生の四季は1回限りです。

青春《せいしゅん》
朱夏《しゅか》

白秋《はくしゅう》
玄冬《げんとう》

人は皆、いずれかの季節を生きています。

『致知』の4月号（2008年）の特集は「人生の四季を生きる」ですが、巻頭に禅の高僧・松原泰道師と作家の五木寛之さんにご登場いただきました。

100歳と75歳、玄冬の季節を生きておられるお二人の対談です。

60歳を越すと、人により前後10歳の開きがでるといわれます。

同じ60歳でありながら、片方の人は50歳にしかみえず、片方の人は70歳くらいにみえるということです。
(現に五木さんは、まだ青春という感じを漂わせておられます)

この差を生み出すのは
各人の心の工夫いかんにあるのだと思います。
泰道先生も五木さんも、
その意味で実年齢よりも20歳以上若く見えます。
若い頃からの心の工夫いかんに
お二人の若さの源泉はあるのでしょう。

それはさておき、
そのお二人が初めて対談されました。
やはり、学んで来られた方は違います。

初対面ながら、お二人の対談は一気に盛り上がり、
話は釈迦の教えから、親鸞、インドの旅、人生論と
2時間語りあっても尽きない、
楽しい余韻を残したものとなりました。

みなさんもぜひお見逃しなく、ご一読ください。

その松原泰道師に以前、仏教の教えは3つに集約されると教わったことがあります。

1．厳粛——万物は流転する。いまという時は2度と再び戻ってこない。

2．敬虔《けいけん》——人はあらゆる「おかげ」の中で生かされている。敬虔に成らざるを得ない。

3．邂逅《かいこう》——めぐり合いの連続によって人生はある。

そして、この3つはそれぞれ、

「ありがとう」

「すみません」
「はい」
というシンプルな言葉に還元されるといいます。

万物は流転する中でこの命を生きているから
「ありがとう」。
おかげを返しきれないから
「すみません」。
そして天地が与えてくれためぐり合いは拝むしかないから
「はい」。

もう20年以上も前に教わったことですが、
この教えはいまも私の中に生きています。

**「ありがとう」「すみません」「はい」**
**――この３つを心の中に繰り返していくことで、人生は**
**善き方向に回転していくのではないか、と思うのです。**

人生の四季を健やかに生きるためにも、
いつまでも心に留めておきたい教えです。

# 19
# 忘れ得ぬ人

5年前、山口県在住の吉坂八重子さんという方からお手紙をいただきました。

この手紙のことは『小さな人生論』にも書きましたが、すばらしい手紙なので、改めてここに紹介します。

*

前略

突然お手紙を認めます事をおゆるし下さいませ。

何しろ日本列島の最西端に住む田舎者のこと故、
失礼があってはと恐る恐るペンを走らせております。

2～3年前九州で講演会がございまして
お誘いをいただきましたが、
体調に自信がもてませんでお断りの手紙を差上げましたら、
社長様からあたたかい言葉をいただき恐縮致しました。

毎月毎月『致知』を手に致します度うれしく、
編集されます皆様方のご苦労の程が身に滲みてまいります。
静かな気持で読ませてもらっておりますが、
私も何とか皆様に報いねばと思い、
月日は過ぎゆくばかりに今日まで体調に全神経をつかい、

労りながら歩んで来ましたが、昨年集団検診で肺癌がみつかり、X線治療を終え、今は何もしていません。

イレッサーの治療をすゝめられましたが、家族の反対もございましてお断りしました。当時はわりあい元気でしたが、だんだん故障がおこり、自己診断ですが、もう残り時間がないように思います。

しかし、此の年まで生かされた事が不思議な程で、悔いはございません。最高の幸せ者のように思っております。尊敬する夫、娘、すばらしき友、又『致知』に出会った事でしょう。

銀行支店の待合室で何気なく手にした一冊の本、それが
『致知』でした。
ぱらぱらとめくり、目を通し、私が探し求めていた本だと、
その時は天にも昇るような気持ちでした。
誰かが忘れて帰られたのでしょう。
行員の方にお願いして一日だけお借りして帰り、読み、
早速注文しましたらすぐ送って下さいまして、
今日に至っております。

二十五周年も九月にと伺いましたので、
僅かですが寄進させて頂き、
役立てゝ頂けましたら、誠にうれしうございます。

どのように送金すればよろしいか教えて頂きたく存じます。
夫にもこの事を話しましたら快く承諾してくれました。
僅かですが、汚れたお金ではありません。
ご安心下さいませ。

短い一生ですが、最高の人生を送らせて貰いました。
社長様にはお目にかかった事はございませんが、
『致知』を通じすばらしい方とお見受け致しました。
日本は今混迷の時代にあり、心がいたみます。
日本人の心を救うのは『致知』より外ないように思われます。
渡部昇一先生の手記にも感動の数々。
私の思いを叶えて下さいませ。

一人娘も嫁ぎ、公務員の妻で、
『致知』を読ませてもらっております。
私の夫は地方公務員定年退職し、施設の長を八年つとめ、
今は無農薬家庭菜園に終日といった日々でございます。
車の両輪のようによく歯車が廻っていましたが、
私の力がつきたようです。
しかし、たのしうございました。

何となく根気がなくなり、乱雑な文で申訳ございませんが、
どうか意をおくみとり下さいまして、一筆お願い致します。
寄進は、1、000、000円ぐらいです。悪しからず。

平成15年6月27日

吉坂　八重子

＊

この手紙を読んだ時、大きな感動が走りました。

山口県の奥にお住まいの70代の女性がこんなにも深い思いで『致知』を読んでくれている――編集者冥利に尽きると思いました。

私はこの手紙をすぐに編集部長にみせました。

すると、編集部長が感嘆した声で
「この方、１００万円も寄付するっていってますよ」

というではありませんか。

その言葉に私が驚きました。

私は寄進の額より『致知』の25周年を喜んでくださる気持ちが何より嬉しく、「100……」の数字を確認せず、10万円くらいだろうと、勝手に思い込んでいたのです。

寄進の額は私の想像をはるかに超えていました。


吉坂さんはその後、私や私どもの社員との交流が生まれ、手紙や電話をやりとりするうちに、ガンも進行を止めたのか元気になられ、畑仕事に精を出されていましたが、一昨年玄関先でハチに刺され、それが元でお亡くなりになったのです。

30周年にはぜひご出席いただこうと思っていた私どもにとっても悲しい出来事でした。

その吉坂さんのご主人から去年の暮に、お電話をいただきました。八重子さんが『致知』の30周年にまた同額の寄付をしたいと、ずっといっていたので、させていただきたい、とのお申し出でした。

最近、ご主人よりお手紙をいただきましたが、八重子さんの遺品のノートにこう記されていたそうです。（原文のまま）

「私は本（『致知』を示す）を一番の友としたことは
賢明であったように思います…（中略）
『致知』においては平成20年に
創立30周年記念大会が開催されると
思いますので、応分の寄進をしておいて下さい」

故人は、自ら幸せを感じとらせてくれる貴社の発展を心から願っていた、寄進はその気持ちのあらわれ――とご主人からのお手紙の言葉でした。

吉坂八重子さんにお目にかかったのはお礼に伺った一回限りです。吉坂さんは白髪の上品な女性でした。

「そこの縁側の隅が私の書斎（小さな台がありました）、そこで毎朝夕『致知』を読むのが楽しみ」

と若々しい声で話してくれた笑顔を今も思い出します。

こういう読者に支えられながら、歩ませていただいた30年。

これをまた新たな30年への出発の時にしたいと社員一同、気持ちをひきしめています。

最後に、最近ある人から
「『致知』は爕《しょう》です」
という言葉をいただきました。
爕とはたいまつ、やわらぎという意味とのこと。
時代を照らすたいまつであり、
時代にやわらぎを与える存在でありたいと思います。

20

# 絶対不変の真理はあるか

5月も中旬に入りました。

東京はいま新緑がとてもきれいです。
我が社の近くにある表参道も、けやきの緑が色鮮やかで、
参道全体に生気が満ち溢れているようです。

色鮮やかな新緑をみていると
**「生きるとは燃えることなり」**――
という平澤興《こう》先生（京大元総長）の言葉をいつも思い出します。

さて、この話は今月の『致知』6月号（2008年）の特集の総リードにも同様の趣旨のことを書きましたが、先日、SBIユニバーシティで話をさせていただきました。

SBIの若い社員のみなさんと一般の社会人の方々、総勢120名くらいの会です。

冒頭**「この世の中に絶対不変の真理はあるだろうか」**という質問を投げかけました。

「ある」方に手をあげた人
「ない」方に手をあげた人

いろいろでした。

めまぐるしい変化の時代を生きていると、永久にかわらないものなどないと思ってしまいますが、永久不変の真理というものは厳然としてあります。

その例えとして、次のような話をしました。

永久不変の真理の第1は

**「人は必ず死ぬ」**ということです。

いまここにいる皆さんの中で50年後も生きている人は半分くらいいるでしょう。

しかし、100年後も生きている人はきっと一人もいないでしょう。

第2は、**「自分の人生は自分しか生きられない」**

小さな子が病気になって苦しんでいる時、親は自分が代わってやりたいと思いますが、代わることはできません。

その人の人生はその人以外に生きることはできないのです。

第3は、**「人生は一回限りである」**ということ。

人生にリハーサルはない、ということです。

そして、最後に、**この悠久の宇宙において、あなたという存在はたった1人しかいない、過去にも、未来にも、あなたと同じ人間は生まれていないし、今後も生まれてこない。**

あなたも私も広大無辺の時空の中で、たった1人の、たった1回の命をいま生きているのだ、ということです。
これほど不思議なことがあるだろうか。
そう問いかけました。

皆さんがこの私の話をどう受け止めたかは知りませんが、実はこれは大変なことです。

私たちがいまここに生きているということは
まさに奇跡中の奇跡としかいいようがありません。

## 「天上天下《てんじょうてんげ》唯《ゆい》我《が》独尊《どくそん》」

お釈迦さんは生まれてすぐに、すっくと立って歩を進め、
天と地を指さして、この言葉を発したといいます。
お釈迦さんはこの天地、天上天下に自分ほどすぐれた者はいない、
ということを宣言したのでしょうか。

そうではないと思います。
あらゆる命はこの天上天下の中でたった1つしかない、
それほどかけがえのない、尊い命なのだということを
私たち衆生に示されたのだと思います。

天上天下唯我独尊
そういう命を生きている自分であることを自覚して、
〃わが人生〃を新緑のように燃えて生きたいものです。

# 21 赤い自転車に乗って

人生には不思議な出会いがありますね。

山村洋子さんと、私どもとの出会いもその1つです。

山村さんはNTTがテレフォンカードを発売した頃テレフォンカードを1人で2億円売り上げ、ナンバー1の営業実績をあげた人です。

その後、大学講師、ラジオのパーソナルキャスターを務め、その魅力的な人柄と話術で多くの人を魅了、10年間で700回の講演をこなしていたといいます。

その人がそのすべてを惜しげもなく振り捨て、年老いたご両親の介護に踏み切り、いまもお母さんの介護に余念のない日々を送っています。

その山村さんの講演録を冊子にしたものが、ある日、私の手元に届きました。

『赤い自転車に乗って』

不思議な表題にひかれながら何気なく読み始めたら、止まらなくなり、気がついたら読了していました。

読み終えたあと、不思議な大きな力に包まれていました。
誰かに話したくなり、その冊子をスタッフのTさんに渡しました。
するとTさんもあっという間に読了してしまいました。
そして、いいました。

「社長、この本は不思議な本ですね。ぐいぐいひきこまれます」

私が何か大きな力に背中を押されるように、この本を出版したのはその一年後です。

初版6千部。

作者に知名度がないので、飛ぶように売れるというわけには参りませんが、この本はあちこちで不思議な反響を起こしているのです。

先日、山村さんからいただだいた手紙にもこんな話が記されていました。

(以下、原文のまま)

＊

「先日、東京で83歳になるお年寄りの方が亡くなられました。

寝たきりで重度の認知症の奥様の世話をひとりでしておられたのですが、ご自分が先に逝ってしまわれました。

連絡を受けたご子息が駆けつけてみると、

静かに眠っているそのお年寄りのかたわらに一冊の本が
……
『赤い自転車に乗って』という本でありました。
『おやじが読むような本じゃない』
そう思ってご子息が処分しようとすると
本の中から一通の手紙がでてきたそうです。
宛名は山村洋子様。
この本の著者であることを知り、
本の処分をやめて手紙を読んでみたのだそうです。
その手紙はご子息の手で後日私のもとへ。
お眼を少し患っておられるのではないかと
思えるようなたどたどしい文字で……

妻の介護と家事を自分ひとりの手で行っていること。
自分は仕事人間で長い間妻のことを省みなかったこと。
それを心からすまなく思っていること。
娘を自分より先になくしたことの辛さと今でも拭えぬ娘への思い。
生きるということはたいへんなことであること。
自分の眼がかなり不自由になり、
人生の最後に読む本がこの本になるかもしれないこと。

そして配達されなかったその手紙の最後には、
〝あなたの本に出会えたことは
私の人生の大きな幸せであります〟

と結ばれていました。

私宛に添えられたご子息の手紙には……

〝おやじが亡くなった直後に頭をよぎったことは、
おふくろをすぐに施設にあずける手配をしなくては……
ということでしたが、あなたの本を読んで、
父がなぜ自分の手で母を介護しようとしたのか分かった気がします。

四隅が擦り切れるほどこの本を支えにし、
たったひとりで母の世話をしていた父……
母のことはもうこれ以上は無理という時まで自分のもとに引きとって
出来る限り、家族の手で看てやりたい

という決心がつきました〃
と綴られていました。

因みに亡くなられたそのお年寄りの方は、
かつて大企業で役員をされた方で、
私も間接的によく存じ上げている方であります」

＊

皆さんにも、
ぜひこの『赤い自転車に乗って』を推薦したいと思います。
ブログにもたくさんの感想が寄せられていますから、
興味のある方は開いて下さい。

http://ameblo.jp/red-bicycle/

最後に、山村洋子さんの一言をプレゼントします。

**「まずは自分がいまいる場で必要とされる人になる。**
**その場で必要とされる人間になれば、**
**あるいはそういう努力をしていれば、**
**必ず道はひらける」**

# 22
# 浦島太郎　その１

我が社では毎年４月の始めに、
経営計画発表大会というものをやります。

この１年、我が社はこういう方向で行こうということを
全社員で確認しあうのです。
その時の社長発表では、経営や仕事だけでなく、
いろんな話をします。

今年は社員の皆さんが、おやっというふうに反応を示したのが、

浦島太郎の話でした。

浦島太郎の話は皆さんもよくご承知だろうと思います。
童謡の歌詞にはこうあります。

むかしむかし浦島は／助けた亀に連れられて
竜宮城に来てみれば／絵にもかけない美しさ

乙姫さまのごちそうに／鯛やひらめの舞踊り
ただ珍しく面白く／月日のたつのも夢のうち

遊びにあきて気がついて／おいとまごいもそこそこに
帰る途中の楽しみは／みやげにもらった玉手箱

そうやって帰ってきたのはいいのですが、
故郷はまるで様子を一変し、知っている人も1人もいない。
途方にくれた太郎は、
「困った時以外は絶対に開けてはならない」
といわれていた玉手箱を思い出し、
いま困っている時だと、その玉手箱をあける……

あとは皆さんもご承知の通り、
太郎はあっという間におじいさんになってしまいます。

童謡はこう歌っています。

心細さにふたとれば／あけて悔しき玉手箱
中からぱっとしろけむり／たちまち太郎はお爺さん

幼少期に聞いて以来、
この話はずっと私の心の中に残っていました。
この逸話は一体私たちに何を教えようとしているのだろうか
という疑問です。

・太郎は亀を助けた
・そのお礼に乙姫様に接待された
・太郎は接待を受け、竜宮城で心から楽しみ、礼をいい、帰ってきた
・すると故郷は一変し、知人は1人もいなかった

・困った太郎は乙姫様がみやげにくれた玉手箱をあけた
・途端に太郎は老人になってしまった

よいことをしたはずの太郎がなぜ、
あっという間に老人にならなければならないのか。
なぜ、乙姫様はそんな玉手箱をみやげにくれたのか。

その疑問が長い間、私の心に残っていました。
もちろん、ずっとそんなことを考えていたわけではありませんが、
時折その疑問が頭をもたげていました。

その疑問が一昨年、氷解しました、
というのは大げさですが

「ああ、そういうことだったのか」、と思い至ることがありました。
もちろん逸話に正解はないのでしょうが、
何事も疑問が解けるのはうれしいものです。
小さな気づきですね。
私自身がどういう解答を見出したのか。
この続きは次号でお話ししたいと思います。

# 23 浦島太郎　その２

先日の浦島太郎の続きです。

その前に、私が経営計画発表大会でどうして浦島太郎の話をしたのかといいますと、『致知』が創刊30周年を迎えるからです。

私は創刊の時からこの雑誌の編集に携わってきましたが、はっと振り返ったら30年の歳月が流れていた。

実に、一瞬の30年です。

まさに、浦島太郎です。

そういう思いがあっての話題でした……

想像するに、浦島太郎が竜宮城に行ったのは20代か30代の元気旺盛の頃だったと思います。

それが帰ってきたら、故郷は一変、知っている人も1人もいない。

それで太郎は困り果て、玉手箱を開けてしまい、おじいさんになってしまったわけです。

もし仮に、太郎が昔を振り返ったり、なつかしがったりしないでいたら……

つまり、知る人がなく、思い出の風景がなくとも、そういうことに頓着せず、

自分は若いし、体も健康なのだから、
この環境の中でまた新しい人生を精一杯に生きてみよう――

そういうふうに決心したら、太郎は困ることもなく、従って玉手箱をあけずに、若い体のまま、新しい人生の一歩を踏み出していくこともできたのです。

つまり、浦島太郎の話が私たちに教えているのは、

**人は須《すべか》らく「いま」「ここ」に生きよ、**

ということではないかと思うのです。

**過去を思うな**
**未来を願うな**
**今なすべきことをなせ**

と釈迦はいっています。

過去はよかったとか、あの時こうすればよかったとか、過ぎ去ったことにいつまでもとらわれていてはいけない。

また、まだ来ない未来のことに思いをはせ、未来に振り回されてはいけない。

それよりもいまなすべきことを確実になせ、ということです。

この釈迦の教えを凝縮したのが禅ですが、禅の教えの極意は「いまここに全力投球して生きる」

ということに尽きるのではないかと思います。

浦島太郎の物語が幾時代を経て残ってきたのは、そういうメッセージを私たちの祖先も無意識のうちに感受し、それに共感していたからではないかと思うのです。

以上私見ですが、私が経営計画発表大会で話した浦島太郎の話です。

『致知』の4月号（2008年）で、境野勝悟氏と青木新門氏が対談しています。両氏は70代ですが、同窓会に行くと、昔の話と孫の話、病気の話しかしないが、そういう人たちは「いま」を生きていないと喝破されています。

各界の達人といわれる人は何歳になっても、「いま」「ここ」に完全燃焼しています。

平澤興先生の言葉があります。

**「今が楽しい。**
**今がありがたい。**
**今が喜びである。**
**それが習慣となり、**
**天性となるような**
**生き方こそ最高です」**

平澤先生自身が89歳までそういう人生を歩まれた方です。
私たちもそういう人生をめざしたいものです。

# あとがき

過日、『致知』七月号の取材で小野田寛郎さんにお会いしました。ご存知の通り、小野田さんは終戦後もフィリピンのルバング島で戦いを続けた人です。任務解除の命令が届いていないから戦争はまだ続いていると思っていたのです。

帰国したのは昭和四十七年三月。新聞に直立不動の姿勢で挙手の礼をする軍服姿の小野田さんの写真が掲載され、その凛々しい姿は当時の日本人に驚きと感動を与えました。

最初四人いた仲間は次々と亡くなり、最後の一年半は一人だったといいます。島民が放牧している牛を撃って解体し、燻製《くんせい》にしました。これが主食です。野菜は青いバナナを輪切りにし、ココナツミルクで煮たもので補いました。集めた鉄分を溶かして針を作り、衣服を縫い繕うこともしました。

もっとも辛かったのは雨。居場所を定めると見つけられるから、絶えずジャングルを移動する毎日です。雨が降ると避けようがなく、ただじっと座っているしかなかったそうです。その辛さは想像を絶します。

三十年に及ぶジャングル生活の中で、風邪を引いたのは二回だけだったといいますから、体力もさることながら、この人の強靱《きょうじん》な精神力には舌を巻くばかりです。

取材の中で、小野田さんがこんな話をされました。

「孤独感はなかったかとよく聞かれたが、僕は孤独感なんていうことはないと思っていた。二十二歳で島に入りましたが、持っている知識がそもそもいろんな人から教わったものです」

凄い言葉です。こういう透徹した意識をお持ちの方だったからこそ感傷に毒されることもなく、ジャングルの中でも自主自立の歩みをされたのでしょう。

壮絶な体験をしてこられた小野田さんの言葉をお借りするのはおこがましいことですが、本書に記されている言葉もまた、私がこの世に生を受けて以来、出会った多くの人から教えられたものです。本にするにあたり読み返してみて、改めてその思いを深くします。

本書は、弊社の若手社員が共同で発信しているメルマガ
「人間力・仕事力が確実にアップする致知出版社メルマガ」

に月二回寄稿してきたものをまとめたものです。拙い一文ですが、手にとって下さった皆さまの人生にいささかでも益するものがあれば、と祈念してやみません。

最後に、メルマガ製作に協力してくれた小鶴知子、小森俊司の両君に感謝します。

二〇〇八年八月盛夏

藤尾　秀昭

# WEB版小さな人生論ノート

平成二十年九月十三日第一刷発行

著　者　藤尾秀昭
発行者　藤尾秀昭
発行所　致知出版社
〒107-0062東京都港区南青山六の一の二十三
TEL（〇三）三四〇九—五六三二
印刷・製本　中央精版印刷
落丁・乱丁はお取替え致します。　（検印廃止）


ISBN978-4-88474-824-1 C0095
ホームページ　http://www.chichi-book.com
Eメール　books@chichi.co.jp